MOYENS INFAILLIBLES

DE

RENDRE HEUREUX TOUS LES GOUVERNEMENTS

ET TOUS

LES PEUPLES DE LA TERRE,

PAR

L'EXTINCTION DE LA MISÈRE

ET DE L'USURE.

Par Joseph-Aimable GRÉGOIRE,

Ex-sous-chef de la préfecture du département de la Seine, auteur de plusieurs autres ouvrages sur les Beaux-Arts, et pour l'éducation de la Jeunesse.

DEUXIÈME ÉDITION.

Sans argent, la vertu meurt de faim.

A PARIS,

CHEZ L'AUTEUR, PASSAGE DE L'INDUSTRIE, 15.

(Ce passage commence rue du Faubourg-St-Martin, 43).

1850

La Vertu et la Justice prient la France de
s'occuper, sérieusement, de procurer des moyens d'existence
à ses enfants des deux sexes, surtout lorsqu'ils sont âgés.

Aux Personnes âgées.

Je vous dédie cet opuscule ô vous dont le poids des années est si pesant que vous auriez besoin de *vin fortifiant* et *d'une excellente nourriture*, pour pouvoir en supporter le lourd fardeau.

Puissent ces pages contribuer à jeter quelques fleurs sur les dernières années si intéressantes de la vie, en vous procurant des ressources financières préparées, par une sage prévoyance, dès l'âge le plus tendre, et sans lesquelles vous pourriez devenir les victimes de la misère.

C'est l'espoir, on ne peut plus doux, de votre tout dévoué,

Ex-sous-chef de la préfecture du département de la Seine,
auteur de plusieurs autres ouvrages sur les Beaux-Arts,
et pour l'Éducation de la Jeunesse.

(Paris, le 6 novembre 1849.)

Passage de l'Industrie, 15.

BONHEUR DES GOUVERNEMENTS

ET DES

PEUPLES DE TOUTE LA TERRE,

par l'extinction de la misère et de l'usure.

Dieu est le roi légitime du ciel et de la terre qu'il a créés, et, quoi que l'on fasse, il ne paraît pas possible de le détrôner.

C'est lui seul, et non les humaius, qui a placé le soleil de telle sorte qu'il éclaire la terre et lui communique la chaleur nécessaire pour produire les aliments dont nous avons un si pressant besoin que sans eux nous cesserions d'exister.

C'est l'Éternel, et non les mortels, qui a placé la lune et les étoiles au ciel, afin de nous éclairer pendant la nuit.

C'est Dieu qui a fondé cet admirable gouvernement qui récompense les belles actions (*la vertu*), et qui punit les vilaines actions (*le crime*); gouvernement qui n'a jamais éprouvé aucun changement, parce qu'il a pour base la vérité, comme quatre et quatre qui font huit, gouvernement enfin qui devrait être celui de toutes les nations de la terre (1).

Aussi un très grand nombre de mortels, par reconnaissance, adressent, au Créateur de tant de merveilles, la prière qui suit :

« Notre Père, qui êtes dans les cieux, que votre « nom soit sanctifié ; que votre règne arrive ; (*il faut* « *entendre, par ces paroles, le règne de la vertu et non* « *celui du crime*). Que votre volonté soit faite sur la

---

(1) Tous les tribunaux doivent, par jugement, en conformité des lois, récompenser la vertu et punir le crime, et tous les mortels doivent être classés en deux catégories seulement : *vertueux* et *criminels*.

C'est ainsi que fait Dieu, et l'on doit l'imiter sur toute la terre.

Il serait beaucoup plus honorable pour les nations de faire insérer dans les feuilles publiques les jugements rendus pour récompenser les belles actions (*la vertu*), que d'y faire insérer les jugements rendus pour punir les vilaines actions (*le crime*).

Si, à l'imitation de Dieu, en récompensant la vertu, on contribuait à augmenter le nombre des crimes, il ne faudrait point accorder de récompenses aux belles actions ; mais c'est tout le contraire qui en résulterait, car, de même que la vaccine a détruit la petite vérole, de même aussi la vertu détruira le crime.

En arrachant les mauvaises herbes dans les champs, on n'obtient point de récolte ; mais il faut, pour récolter, semer le bon grain, et arracher ensuite les herbes parasites qui nuiraient au bon grain.

« terre comme dans le ciel ; (*il faut entendre, par ces*
« *paroles, que la vertu soit honorée et récompensée sur*
« *la terre, comme elle est honorée et récompensée dans*
« *le ciel, et que le crime soit méprisé et puni sur la terre,*
« *comme il est méprisé et puni dans le ciel*). Donnez-
« nous, chaque jour, notre pain ; pardonnez-nous
« nos offenses, comme nous pardonnons à ceux qui
« nous ont offensés ; ne nous laissez pas succomber
« à la tentation, et délivrez-nous du mal. »

« Donnez-nous, chaque jour, notre pain ; » déjà,
page 164 du livre les Quatre vérités, j'ai fait connaître, par l'établissement, sur toute la surface de
la terre, d'hôtels de la vertu, les moyens de procurer aux infirmes, aux vieillards et aux nécessiteux,
le pain quotidien ; dans ces hôtels, on y trouverait,
gratuitement, tout ce qui est utile aux besoins de la
vie : logement, chauffage, éclairage, bonne nourriture, promenades, chapelle, médecin et pharmacie.

Les petits rentiers, qui ne pourraient vivre iso-
lément, trouveraient, dans ces hôtels, un asile
agréable où ils seraient heureux (1). Il est bien en-

---

(1) Tous les pensionnés des deux sexes de la caisse générale
dont il s'agit dans cet opuscule, qui ne pourraient, sans être gênés, vivre chez eux, soit à raison de leurs infirmités, soit à raison

tendu qu'il y aurait des hôtels de la vertu pour les femmes, comme il y en aurait pour les hommes.

Il est également bien entendu qu'il y en aurait pour les ménages, afin de ne point séparer des époux que les lois et la religion ont unis.

En France, chaque département aurait ces trois hôtels ; et s'ils étaient contigus, bien qu'ayant chacun leur entrée particulière, il ne faudrait qu'une seule cuisine, qu'une seule pharmacie, qu'une seule chapelle et qu'un seul bureau administratif pour les trois hôtels.

Je vais faire connaître d'autres moyens pour arriver à rendre heureux tous les gouvernements et tous les peuples de la terre.

N'est-ce point un bonheur pour les gouvernements de pouvoir procurer le pain quotidien à tous les membres de la société, et n'est-ce pas également un bonheur pour ces derniers d'être à l'abri de la misère ?

Dès qu'un enfant, de l'uu ou de l'autre sexe, est né, les lois exigent qu'on l'enregistre à la mairie

---

de leur pension peu élevée, entreraient dans les hôtels, moyennant une partie de leur pension, l'autre partie devant leur être conservée pour l'achat des habillements et pour les autres dépenses indispensables.

du lieu de la naissance : j'ai fait connaître ces lois, page 201 de la treizième édition du livre les Quatre vérités.

De nouvelles lois exigeraient qu'il soit versé, au bout d'un mois, pour cet enfant, un franc dans la caisse de retraites, et ce versement d'un franc aurait lieu, tous les mois, entre les mains du receveur des impositions directes du lieu de naissance de l'enfant.

On ajouterait sur les avertissements des contributions directes ces mots : *Caisse générale de retraites*, avec la somme due par chaque famille.

Les réclamations seraient examinées et jugées comme celles présentées pour les contributions directes.

Les receveurs d'impôts verseraient les produits de la caisse générale de retraites dans les caisses des receveurs généraux, et ces derniers les verseraient dans la caisse centrale à Paris.

La retraite serait accordée aux infirmes et aux vieillards qui seraient dans l'impossibilité de gagner le pain quotidien : les receveurs d'impôts paieraient ces pensions.

La caisse accorderait des secours aux veuves et aux orphelins, d'après les décisions de la commission désignée ci-après.

Les divers départements de la terre qui, tous

réunis , forment le royaume terrestre de Dieu , au-raient chacun leur caisse de retraites.

Une commission composée des hommes les plus vertueux de chaque nation administrerait cette caisse, dont la comptabilité, pour éviter tout abus , serait vérifiée par la cour des comptes.

Le nombre des membres de cette commission se-rait fixé par la loi.

La France, qui forme, comme les autres États, un département de la terre, est habitée par *trente-cinq millions de personnes* des deux sexes, la recette, pour la caisse de retraites , serait , par conséquent , de *trente-cinq millions de francs par mois*.

A l'expiration de la première année, cette caisse posséderait *quatre cent vingt millions*.

$$
\begin{array}{rl}
35 & \text{millions} \\
12 & \text{mois} \\
\hline
70 & \\
350 & \\
\hline
420 & \text{millions.}
\end{array}
$$

Au bout de dix ans, elle posséderait *quatre mil-liards deux cents millions*.

$$
\begin{array}{rl}
420 & \text{millions} \\
10 & \text{ans} \\
\hline
4{,}200 & \text{quatre milliards deux cents millions.}
\end{array}
$$

Au bout de cent ans, elle posséderait *quarante-deux milliards*.

$$420 \quad \text{millions}$$
$$100 \quad \text{ans}$$
$$\overline{42,000 \quad \text{milliards.}}$$

Au bout de deux cents ans, elle posséderait *quatre-vingt-quatre milliards*.

$$42,000 \quad \text{milliards pour 100 ans.}$$
$$84,000 \quad \text{milliards pour 200 ans (1).}$$

Enfin cette caisse monstre augmenterait son capital, chaque siècle, de quarante-deux milliards, et l'on conviendra que j'ai trouvé, en France, une mine d'or inépuisable, et d'un produit beaucoup plus certain que les mines d'or de la Californie : donc elle leur est préférable.

Pour obtenir et conserver ce chiffre, il ne fau-

---

(1) Mes lecteurs pouvant être étonnés de l'énormité de cette somme, j'ai placé les chiffres sous leurs yeux, afin de les convaincre de la vérité des calculs ; et je dois leur faire remarquer que je pense que les intérêts de cette somme ne pourraient suffire pour payer les pensions, et que, dès lors, on devrait employer, pour les payer, une partie du capital ; mais cependant cette caisse nationale n'en resterait pas moins la plus riche de l'État, et pourrait, étant administrée par des hommes vertueux, faire disparaître la misère et l'usure, qui sont les deux plus grands ennemis de la société.

drait point payer les pensions de retraites avec le capital, mais seulement avec les intérêts de cette somme : toutefois, dans un cas extrême, on pourrait employer une partie du capital pour payer les pensions.

Les gouvernements de la terre régiraient leurs caisses de retraites; mais s'ils avaient besoin d'argent, ils lui emprunteraient la somme qui leur serait nécessaire, moyennant intérêts : de même que l'on prêterait au commerce, à l'industrie et à l'agriculture, moyennant garantie et intérêts, les sommes qui leur seraient nécessaires.

Au moyen de cette caisse nationale, jamais les gouvernements de la terre n'auraient besoin de recourir à qui que ce soit pour se procurer les sommes qu'ils désireraient, puisqu'ils auraient des milliards à leur disposition, et, alors, les crises financières, qui compromettent tant d'intérêts divers, seraient impossibles.

Maintenant, il s'agit de combler les non-valeurs provenant des membres de la société qui seraient dans l'impossibilité de payer un franc par mois pour eux, leurs femmes et leurs enfants.

Les chefs des divers départements de la terre feraient voter, chaque année, la somme suffisante pour couvrir les non-valeurs.

Il serait scrupuleusement vérifié, par les agents préposés à cet effet, qu'il y a impossibilité de faire payer les individus, et, dès lors, le fonds de non-valeurs comblerait ce déficit.

Ou bien, si cela était préféré, chaque commune répartirait ses non-valeurs entre les habitants aisés, de sorte que la caisse générale recevrait le *franc* par mois, dû par chaque individu.

Il est agréable de penser que, dans l'intérêt général, et par philanthropie à l'égard de leurs semblables qui se trouvent dans une position fâcheuse, les habitants aisés feraient ce sacrifice sans murmurer.

Quel est celui qui ne gémit point aujourd'hui de voir, à chaque pas qu'il fait, des tableaux affligeants, des personnes qui paraissent manquer de tout, et qui implorent la pitié publique : sur les routes, dans les villes et dans les villages, on ne peut éviter de voir ce spectacle déchirant.

On donne beaucoup, mais on ne détruit point la mendicité ; la caisse générale de retraites pourrait la faire disparaître : tous doivent le désirer et y contribuer avec empressement.

On devrait souhaiter que tous les membres de la société payassent exactement la modique somme d'un franc par mois, et l'administration s'empresserait de diriger tous ses efforts vers ce but si utile, en accordant des travaux aux classes nécessiteuses, et en cherchant, par tous les moyens possibles, à faire disparaître la misère.

Dans tous les cas, l'administration connaîtrait le motif de la gêne, et, dès que le mal serait connu, il ne serait pas impossible de trouver le remède, puisque la caisse de retraites procurerait autant d'argent que l'on voudrait pour donner des travaux aux nécessiteux, et que, par ce moyen, la misère pourrait disparaître.

La caisse serait inépuisable puisqu'il y entrerait, en France, *trente-cinq millions de francs* par mois ; on ne manquerait donc jamais d'argent pour commander des travaux, et l'on pourrait parvenir à ce que tous les membres de la société acquittassent un franc par mois, afin de n'avoir plus à voter de fonds de non-valeurs.

On pourrait, au reste, selon les besoins de la caisse, augmenter la cotisation d'un franc par mois, ou la diminuer, selon la prospérité de cette caisse.

Chacun comprendra que si au lieu d'un franc par mois, on ne demandait que cinquante centimes, la recette serait diminuée de moitié, et que si, au lieu de cinquante centimes par mois, on ne demandait que vingt-cinq centimes, la recette serait diminuée des trois quarts.

Le chiffre de la cotisation doit être subordonné à la prospérité ou à la détresse de la caisse.

Si les gouvernements de la terre doivent peu s'occuper des riches qui ont tout en abondance, ils doivent beaucoup, par humanité, s'occuper des pauvres qui manquent de tout.

De même que, par philanthropie, les riches doivent faire, tous leurs efforts, pour procurer du travail aux pauvres, et ces derniers doivent conserver une vive reconnaissance envers ceux qui leur font gagner le pain quotidien.

Toutes les communes qui n'auraient pas de fonds pour faire travailler les nécessiteux, en trouveraient abondamment dans la caisse de retraites, moyennant *un modique intérêt* ; elles rembourseraient cet emprunt quand elles le pourraient : tous les ouvriers pourraient être occupés, et, dès lors, acquitter facilement la cotisation mensuelle.

La plupart des chemins d'un village à un autre sont en très mauvais état ; on travaillerait à les rendre meilleurs et à les bien entretenir ensuite, afin qu'on puisse, en hiver comme en été, parcourir la France, dans tous les sens, à pieds secs : les personnes sans ouvrage exécuteraient ces travaux si nécessaires et qui embelliraient la France, en même temps qu'ils occuperaient continuellement une partie de ses enfants, et leur procureraient des moyens honorables d'existence tout en rendant le pays l'un des plus beaux du monde.

Enfin, MM. les maires de chaque commune, feraient tous leurs efforts pour mettre leurs administrés à même d'acquitter un franc par mois, en leur commandant des travaux payés par la commune.

Comme aussi, de leur côté, tous les membres de la société devraient faire tout ce qui dépendrait d'eux pour acquitter la modique somme dont il est question, puisqu'il s'agirait de leur propre intérêt en se créant des moyens d'existence pour leur vieillesse, âge où les besoins sont si pressants et où les forces manquent pour le travail, de sorte qu'on se trouve dans l'impossibilité de se procurer les choses les plus nécessaires pour exister.

Ah! si comme le vieux cheval que l'on tue dès qu'il est âgé et ne peut plus travailler, on privait aussi l'homme et la femme de la vie lorsqu'ils sont infirmes ou âgés, la caisse de retraites, dont il s'agit, serait une utopie; mais, jusqu'à ce jour, on n'a point pris ce parti extrême : il est donc sage de penser à l'avenir en préparant des moyens d'existence à la vieillesse, sans lesquels elle pourrait périr.

La France nourrit ses guerriers, soit à l'hôtel des Invalides, soit dans les compagnies de vétérans ; ces militaires n'ayant pu faire d'économies pendant la jeunesse, la France ne les abandonne point lorsqu'ils sont âgés : elle pourvoit à leurs besoins.

Les enfants de la France qui ont cultivé la terre, afin de récolter le blé avec lequel on fait le pain pour la nourriture des soldats et des autres membres de la société ; les fabricants qui ont fourni les draps avec lesquels on habille les militaires et les autres personnes ; les tailleurs qui ont confectionné, avec ces draps, les habillements pour la troupe et pour les autres individus ; les armuriers qui ont fabriqué les armes qui ont servi à l'armement des militaires ; enfin les contribuables qui ont versé, dans les caisses de l'État, l'argent pour la solde des officiers et des soldats, n'ont-ils point, comme les militaires, également bien servi la France ? Et celle-ci ne doit-elle pas, en excellente mère, les nourrir comme les vieux soldats, si, comme ces derniers, n'ayant pu faire d'économies, ils ne peuvent, étant âgés, se procurer le pain quotidien ?

Une bonne mère ne doit-elle point traiter ses enfants avec la même bonté, et peut-elle, sans être injuste, nourrir les uns et laisser les autres mourir de misère ? Non ; donc la caisse générale de retraites sera très utile.

Si le garde champêtre est nécessaire pour garder les récoltes, ceux qui ont mouillé la terre de leur sueur, pour obtenir ces récoltes , ne sont-ils point aussi méritants ?

Dans un temps à venir, les sommes considérables dépensées annuellement en œuvres de bienfaisance, deviendraient inutiles , puisque tous les membres nécessiteux de la société auraient une pension suffisante pour se procurer le pain quotidien.

Il est bien entendu que les personnes du sexe féminin verseraient un franc par mois dans la caisse de retraites comme les personnes du sexe masculin, et que, conséquemment, les femmes recevraient la même pension que les hommes.

Il ne se commettra plus aucune mauvaise action sur la terre, lorsque tous les membres des diverses sociétés paieront, sans être gênés, un franc par mois pour la caisse de retraites, et lorsqu'ils seront tous vertueux : on sera dans l'âge d'or, et l'on jouira alors du paradis terrestre, en attendant la jouissance du paradis céleste. Je fais tous mes efforts pour atteindre ce but, et j'y emploie tout mon temps et tout mon avoir.

Heureuses les nations qui, pendant toute l'année, récompenseront par jugement les belles actions (*la vertu*), et qui n'auront plus à punir par jugement les vilaines actions (*le crime*); ces peuples auront atteint le plus haut degré de la véritable civilisation.

Malheur aux peuples qui, pendant toute l'année, condamnent le crime et ne récompensent pas la vertu, car, par ces nombreuses condamnations, ils prouvent qu'il se commet beaucoup de mauvaises actions, et en ne récompensant jamais la vertu ils prouvent qu'il ne se fait aucune belle action, ou ces peuples sont injustes. Et cependant, ne serait-il point d'une meilleure politique de faire connaître les belles actions que les vilaines?

On devrait afficher les récompenses accordées par jugement aux belles actions, car si les artistes ont besoin de beaux modèles afin de les imiter, les peuples ont un égal besoin de beaux exemples qui les porteraient au bien.

Les révolutions qui ont eu lieu ayant ruiné un grand nombre de personnes, il ne sera pas possible d'obtenir de suite le paiement d'un franc par mois de tous les membres de la société; mais tous les employés de l'État, tous les militaires gradés, soit de l'armée de terre, soit de l'armée de mer, tous les employés des chemins de fer, tous les propriétaires, tous les rentiers de l'État, tous les ecclésiastiques, tous les instituteurs et les institutrices communaux et même privés, toutes les directrices d'asile, toutes les sages-femmes, tous les notaires, les avocats, les avoués, les huissiers, les médecins, les artistes, les négociants, les commis négociants, les chefs des diverses industries et leurs commis, pourront, en vertu de la loi, payer immédiatement un franc par mois, et, je le répète, l'administration devra, par tous les moyens possibles, obtenir le paiement d'un franc par mois des autres membres de la société au fur et à mesure que, par des travaux, ils seront mis dans la possibilité d'acquitter cette minime somme.

Afin d'exciter au paiement de cette cotisation, la loi sur la caisse de retraites, dont il s'agit, obligerait cette caisse à prêter, aux personnes, de l'un et de l'autre sexe, qui en auraient besoin, quelques centaines de francs, pourvu que ces individus présentassent les preuves du paiement ponctuel de la cotisation d'un franc par mois et quelques garanties.

Ces personnes paieraient *un modique intérêt* pour la somme avancée par la caisse, et elles rendraient cette somme à leur loisir, soit par parties, soit intégralement.

Quant aux personnes qui ne pourraient justifier du paiement de la cotisation, la caisse ne leur ferait jamais aucune avance. En vertu de quel droit, en effet, la caisse leur ferait-elle une avance, puisque ces individus n'y auraient point versé un centime ? Tandis, au contraire, qu'elle devrait être toujours disposée à tirer d'embarras, par des avances, les personnes qui l'alimenteraient.

Cette caisse, par exemple, pourrait, en prêtant une petite somme aux ouvriers vertueux et laborieux, les aider à s'établir.

Il y aurait donc profit à acquitter la cotisation, soit pour le cas de maladie, où l'argent est si nécessaire, soit pour toute autre cause de gêne, et ces avantages engageraient beaucoup de personnes à verser exactement un franc par mois dans la caisse de retraites.

Pour la facilité des transactions, une succursale de la caisse de retraites serait établie dans chaque chef-lieu des préfectures et sous-préfectures.

Cette caisse, dans un temps à venir, pourrait, *par la modicité des intérêts* qu'elle exigerait, détruire l'usure, qui ruine actuellement un si grand nombre de personnes.

On pourrait fixer les intérêts à *deux* ou *trois* pour cent par an.

Afin de multiplier les transactions, la caisse pourrait se servir de billets qui doubleraient son capital;

ces billets seraient remboursés *à vue* dans les caisses de tous les receveurs d'impôts, et afin que, dans aucun cas, le remboursement de ces billets ne puisse être différé d'une *minute*, la caisse générale de retraites n'en émettrait *jamais* que pour le chiffre exact des espèces qu'elle posséderait.

On doit penser que la caisse générale de retraites, dont il s'agit, qui serait dans l'intérêt de tous, ne doit porter aucun préjudice à qui que ce soit.

Déjà des caisses de retraites existent dans les administrations; ces institutions admirables, qui procurent des moyens d'existence aux vieux employés, continueraient à servir les pensions anx employés : mais ces derniers auraient une nouvelle chance, puisque la caisse générale de retraites leur paierait une seconde pension, et paierait une pension à leurs femmes et à leurs enfants, pourvu, bien entendu, qu'il soit versé un franc par mois par tous les membres de la famille; et comme c'est un *bonheur parfait* pour un père d'assurer le pain quotidien à sa famille, on s'empresserait, sans nul doute, d'acquitter la cotisation d'un franc par mois.

FIN.

PARIS. — Imprimerie LACOUR, rue St-Hyacinthe-St-Michel, 33.